RAPPORT

DU F∴ Pᶜᵉ O.-A. DE TOUNENS

1° A la loge de Périgueux et à toutes celles du globe.

2° A tous les Maç∴ de l'U∴

1866

Périgueux, le 11 avril 1866.

T∴ C∴ V∴, 1∴ et 2∴ S∴ et V∴
T∴ M∴ FF∴

Je vous prie de me faire la faveur de porter votre attention sur les faits que je vais soumettre à l'appréciation de la R∴ Loge où j'ai eu la fav∴ de recevoir la L∴, les Amis persévérants et l'Étoile de Vésone réunis à l'O∴ de Périgueux et à celle de tous N∴ FF∴ sur toute la surface du globe.

M∴ FF∴, le grand rouage qui gère l'humanité nous fait voir des familles tantôt dans l'opulence, tantôt dans la misère en comparaison de ce qu'elles ont été; la mienne nous en offre un exemple. Je ne m'étendrai pas davantage ici sur ce sujet; j'arrive tout d'abord à des faits plus récents et qui sont encore dans la mémoire de tous. Vous savez, en effet, que j'étais avoué à Périgueux; je vendis mon étude pour aller explorer le Sud de l'Amérique, afin de connaître les avantages que ce pays pourrait offrir pour y fonder une colonie française ; mon exploration a eu pour résultat deux faits principaux :

1° De faire connaître des pays qu'on ne connaissait pas même de nom ; 2° d'en révéler la richesse en minéraux, en bois et en fertilité, dont l'ensemble offre la plus belle perspective pour le but que je m'étais proposé ; mais ce n'est pas tout : pour atteindre ce but d'une manière plus sûre et certaine, sans guerre comme sans dépense pour la France, j'étais arrivé à me faire reconnaître chef des indigènes, lesquels, pour se mettre au niveau de la civilisation européenne, n'ont besoin que d'une bonne organisation intérieure et extérieure. Mes soins et démarches avaient été couronnés d'un plein succès ; c'était un bel avenir, une belle perspective que j'avais devant moi ; tout allait à souhait, lorsqu'une trahison me fit tomber dans un guet-apens qui suspendit tout ce que j'avais si heureusement commencé et obtenu. Tombé entre les mains des ennemis des peuples qui venaient de m'élire pour leur chef, avec le titre de roi, je fus fait prisonnier et retenu en captivité pendant neuf mois et demi ; ensuite remis aux autorités françaises qui avaient pris l'engagement de me ramener en France, ce qu'elles firent sur le vaisseau de guerre le *Duguay-Trouin*, de manière que je n'acquis ma liberté qu'en arrivant sur mon pays natal ; le voyage se réalisa en quatre mois et demi ; ma captivité fut donc en réalité de quatorze mois. Quelques temps après mon arrivée en France, je m'adressai au gouvernement français ; notre honorable compatriote M. Magne me fit obtenir une audience de Son Exc. M. le ministre des affaires étrangères ; j'exposai à celui-ci ce que j'avais fait, et je lui demandai si le gouvernement verrait avec déplaisir que je continuasse de m'occuper de cette affaire. Son Exellence me répondit que toutes les fois qu'un Français porterait à l'extérieur les intérêts français et la prépondérance française, sans susciter de difficultés au gouvernement, celui-ci le verrait toujours avec plaisir je me retirai en lui promettant que je lui exposerais d'une manière précise, par écrit, ce que je désirais obtenir du gouvernement français ; ma demande fut envoyée, mais elle fut étouffée dans les bureaux.

Je demandai une audience à l'Empereur, et, le 26 mai 1863, je reçus la lettre suivante :

« Le chef de cabinet de l'Empereur a l'honneur de
» prévenir M. de Tounens que sa demande d'audience
» a été transmise à Son Exc. le grand chambellan de
» l'Empereur, chargé de l'examiner et, s'il y a lieu,
» d'y donner suite. »

Cette lettre n'est point signée, mais elle porte le cachet du cabinet de l'Empereur avec ses armoiries.

Le 29 mai, trois jours après la date de la lettre précédente, je reçus de M. le duc de Bassano la lettre suivante :

« Monsieur, désirant vous entretenir au sujet de
» votre audience, je serai à votre disposition demain
» samedi 30, à deux heures du soir.

» Agréez, Monsieur, l'assurance de ma considéra-
» tion très-distinguée.

» *Signé* : Duc de Bassano.

» Palais des Tuileries, le 29 mai 1863.

» *A M. de Tounens, hôtel de Tours, place de la*
» *Bourse, Paris.* »

Au jour et à l'heure indiqués, je me rendis à l'audience de M. le duc de Bassano ; il était chargé de me dire que l'Empereur ne pouvait pas me recevoir et de me manifester le regret de Sa Majesté à ce sujet. « Si vous voulez, dit-il, lui écrire, je lui ferai parvenir votre lettre sans la décacheter préalablement. » Je lui dis que je réfléchirais, et je me retirai. Réflexion faite, je préparai un travail pour l'envoyer à l'Empereur ; mais, avant de le lui faire parvenir, je le soumis à Son Exc. M. Magne, et voici la lettre que notre honorable compatriote m'envoya en réponse :

« St-Michel-Montaigne, le 11 juin 1863 (Dordogne).

» Monsieur, j'ai lu avec beaucoup d'intérêt la note
» que vous avez bien voulu me communiquer con-
» cernant les intérêts de la France dans l'Amérique
» du Sud. Mais cette note, dont la forme me paraît
» irréprochable, soulève au fond des questions qu'il
» ne m'appartient pas d'apprécier ; je crois, en effet,
» que c'est au ministère des affaires étrangères que
» vous devez l'adresser, car lui seul est compétent
» pour juger la portée de la mesure que vous pro-
» posez. Cette mesure est, en effet, d'une gravité
» extrême, puisqu'elle engagerait directement l'inter-
» vention et le protectorat de la France contre les
» gouvernements circonvoisins.

» Recevez, Monsieur, l'assurance de mes senti-
» ments les plus distingués.

» *Signé* : P. MAGNE.

» *A M. de Tounens, hôtel de Tours, place de la Bourse, Paris.*

Je répondis à M. Magne que ma demande n'avait point pour objet le protectorat ni l'intervention de la France, mais bien la reconnaissance pure et simple de l'indépendance du peuple qui m'avait reconnu pour chef.

Aussitôt après la réception de cette lettre, j'envoyai mon rapport à S. M. l'Empereur par l'intermédiaire de M. le duc de Bassano ; celui-ci me fit la réponse suivante :

« Palais des Tuileries, le 16 juin 1863.

« Monsieur, j'ai reçu la lettre que vous m'avez
» envoyée pour l'Empereur ; je me suis empressé de
» la transmettre, sans la décacheter, à sa haute
» destination.

» Recevez, Monsieur, l'assurance de ma considé-
» ration très-distinguée.

» *Le grand chambellan,*

» Signé : Duc de Bassano.

» *A M. de Tounens, hôtel de Tours, place de la*
» *Bourse.* »

Si j'ai reproduit les lettres qui précèdent, c'est pour

établir que j'ai fait auprès du gouvernement français tout ce que j'ai pu pour me faire aider et pour prouver aussi que M. Magne me traitait en homme sérieux et non point en plaisant, comme d'autres l'ont fait auprès du gouvernement français.

J'ajoute ceci : vers le commencement de l'année 1864, Son Exc. M. Magne voulait tâcher de me faire obtenir une audience de l'Empereur, et, pour préparer cette entrevue, il voulut en parler à l'Impératrice, dans un dîner où il se trouvait à côté d'elle; mais la réponse de S. M. lui fit comprendre que j'avais été desservi auprès de la cour, et il ne put rien obtenir.

Vous allez me demander quels sont mes ennemis qui ont pu prévenir le gouvernement contre moi? Je l'ignore. Cependant, je dois vous faire connaître ce que je sais. Le chargé d'affaires de France au Chili, M. Cazotte, était totalement opposé à ce que je faisais; voici pourquoi : Il est propriétaire dans le Chili ; son oncle, qui a été également chargé d'affaires dans cette république, y est aussi riche propriétaire, marié dans le pays; M. Cazotte lui-même est marié avec une Péruvienne, de manière que ses intérêts pécuniaires et de famille sont totalement au Chili ; or, si M. Cazotte avait soulevé une difficulté sérieuse au gouvernement chilien au sujet de ma personne, il aurait pu arriver qu'il eût été rappelé et mis en disponibilité, suivant les principes du ministère des affaires étrangères ; on comprend sans difficulté qu'il n'allait pas sacrifier tous ses intérêts pour M. de Tounens ; cependant il fallait dire quelque chose au gouvernement français, lui faire un rapport au sujet de ma personne et de mon affaire. Il est à croire, sans nul doute, qu'il aura mis tous les droits de son côté et tous les torts du mien. Ce n'est pas tout encore ; lorsque je fus remis aux autorités françaises sur le vaisseau le *Duguay-Trouin* (de second ordre, 90 canons et 900 h.), je fus reçu on ne peut plus mal par les officiers supérieurs ; ce fut vainement que je réclamai une cabine pour me reposer des longues souffrances que j'avais éprouvées dans ma captivité et pour réparer ma santé qui était encore complètement délabrée ; leur refus n'était que mauvaise volonté, car en allant à Taïti, ils y avaient apporté des missionnaires pour lesquels on avait construit des cabines ; le matériel était encore à bord ; il n'aurait fallu que quelques instants pour m'en construire une, suivant ce que me disaient les officiers inférieurs et les ouvriers ; mais toutes mes demandes furent repoussées.

MM. les aspirants de marine eurent pitié (c'est le mot) de moi et de ma situation, et, pour y remédier autant qu'ils le purent, ils m'engagèrent à manger avec eux, ce que je fis pendant toute la traversée; sans eux, j'aurais été obligé de manger avec les matelots et à la ration ; je n'aurais pas eu un endroit pour m'asseoir, pour me reposer, au lieu qu'avec les aspirants je pouvais m'asseoir, lire et écrire. L'offre qu'ils me firent était donc des plus précieuses pour moi à tous les points de vue ; je ne puis que leur en témoigner toute ma reconnaissance.

Je ne dois pas oublier non plus les officiers chiliens, surtout l'officier Gauna, qui me conduisit de la prison des Aujeles à Valparaiso ; il me laissa libre toutes les fois qu'il lui fut possible de le faire, sur ma parole d'honneur que je ne lui ferais arriver aucun désagrément ; lorsque nous arrivions dans les villes, il faisait les démarches nécessaires pour me faire installer au corps-de-garde et empêcher qu'on me mit en prison, comme on l'aurait fait : je mangeais avec l'officier de garde, de manière que les officiers chiliens me traitèrent parfaitement bien dans tout le voyage; nous nous séparâmes dans les meilleurs termes.

Nos FF.·. du Chili ne m'oublièrent pas non plus;

je suis heureux de leur en témoigner toute ma gratitude, surtout au F.·. Sotomayor, qui me sauva la vie; je dois aussi exprimer ma plus vive reconnaissance à la R.·. loge des Amis persévérants et de l'Étoile de Vésone réunis à l'O.·. de Périgueux, qui fit son possible pour me faire obtenir la liberté dès qu'elle apprit ma captivité.

Quant aux officiers subalternes du *Duguay-Trouin*, ils étaient indignés de la conduite à mon égard des officiers supérieurs; aussi, toutes les fois qu'ils en trouvaient l'occasion, ils ne manquaient pas de le manifester; à Montévidéo, et surtout à Gorée, possession française sur les côtes d'Afrique, ce n'était qu'une voix pour blâmer leur conduite; ce mécontentement arriva jusqu'à leurs oreilles, et l'un d'eux, M. Colet, capitaine en second, pour compléter leur conduite inconcevable, me retint à notre arrivée à Brest, à bord du *Duguay-Trouin*, pendant quatre heures, contre l'ordre du vice-amiral Larieux et du préfet maritime, qui avaient donné l'ordre, par écrit, de me débarquer. Cet officier n'avait pas pu exercer pendant la traversée son autorité sur ma personne, parce qu'il n'était que second; or, pendant les quatre heures qu'il me retint, il était l'officier le plus élevé en grade à bord, de manière qu'il était pour le moment commandant en premier, et, pour faire valoir son autorité, il commit un abus de pouvoir, au lieu de chercher à faire oublier les mauvais procédés qu'on avait eu envers moi.

Les faits que j'avance sont de notoriété publique dans la marine, à Gorée, à Montévidéo et au Chili ; pour preuve, qu'il me soit permis de reproduire ici un passage d'une lettre, en date du 6 septembre 1864, que m'adressait à Londres M. Salles, capitaine au long-cours ; le voici :

» En 1863, j'étais en pêche en Patagonie, et je n'ai
» pas appris avec moins de regret à Montévidéo avec
» quelle imprévoyante politique les agents et officiers
» de la marine française avaient envisagé votre affaire
» avec le Chili et avec quelle quasi-insolence vous aviez
» été personnellement traité par eux. Si quelque chose
» peut faire contrepoids au mauvais accueil qui vous a
» été fait de leur part officiellement, c'est la désappro-
» bation générale de tous les Français de La Plata
« *indignés;* loin de voir en vous un aventurier mu
» par un intérêt personnel, chacun y avait vu le trait-
» d'union entre la civilisation et la barbarie, la clef
» devant ouvrir des horizons nouveaux dans cette
» riche Patagonie, si susceptible par sa position géo-
» graphique et son climat de devenir le premier pays
» de l'Amérique du Sud. »

Voici encore une autre preuve :

M. A. Vallon, capitaine de frégate, vint me voir à Paris et me confirma les mêmes faits ; il me manifesta les regrets qu'il avait éprouvés lorsqu'il avait appris à Gorée, où il était arrivé quelques jours après notre départ, le triste accueil que ses collègues m'avaient fait ; il m'en fit ses excuses pour eux, et me promit que si l'avenir le mettait à portée de m'être utile, il ferait son possible pour faire oublier la triste opinion que je devais avoir des officiers de marine ; je n'ai point de lettre de cet officier, mais j'ai sa carte de visite qu'il me laissa avec son adresse. Que conclure de tout cela ? Sinon que les officiers supérieurs du *Duguay-Trouin* sont venus confirmer, amplifier auprès du gouvernement les faits qui avaient été avancés par le chargé d'affaires M. Cazotte, faits d'après lesquels la cour s'est formée une opinion contraire aux intérêts de la France et aux miens.

Je sais qu'en général, la première impression qu'on a d'une affaire ou d'une personne domine presque toujours ; si elle est bonne, c'est bien ; si elle est mauvaise, c'est un malheur pour celui qu'elle atteint ; pour la combattre, il faut d'autres événements que des paroles et des supplications.

Pendant mon séjour à Paris, je cherchai à obtenir une place, et, partout où je me présentais, on me faisait la réponse suivante : « Comment, monsieur ? après avoir joué le rôle que vous avez joué, vous voudriez entrer dans une administration ; ce n'est pas possible. Adressez-vous à l'Empereur pour qu'il vous aide à rentrer dans votre royaume d'une manière directe ou indirecte. Je leur répondais que l'Empereur ne voulait pas s'en mêler ; d'après les explications que je viens de vous donner, vous comprenez que je savais à quoi m'en tenir. « Eh bien ! me répondait-on, qu'il vous donne alors une position digne de vous. » Tout cela n'aboutissait à rien ; j'étais obligé de me retirer sans être plus avancé en sortant qu'en entrant. Comme vous le voyez, M∴ FF∴, j'ai été repoussé par le gouvernement et par les administrations ; je me suis adressé plusieurs fois au public, qui est resté totalement indifférent, sauf quelques adhésions personnelles. Ces explications, M∴ FF∴, vous font connaître ma situation qui est des plus malheureuses, puisque je suis repoussé de partout. Faut-il que ma grandeur de quelques jours me condamne à vivre dans le malheur toute ma vie ? Non, M∴ FF∴, cela ne serait pas juste ;

si j'ai dépensé mon avoir, ce n'est point en folles dépenses, c'est au contraire dans un but tout louable, tout honorable. Espérant, M∴ FF∴, que vous ne serez pas indifférents à ma situation, j'ai la faveur de vous faire une demande que je vais préciser d'une manière aussi nette que possible; mais avant de la préciser, je dois dégager la maçonnerie de toute appréhension qu'elle pourrait avoir au sujet des faits que je viens de lui faire connaître. La maçonnerie n'a point à s'occuper de savoir s'il y a lieu de blâmer ou de louer la conduite de qui que ce soit; si je suis rentré dans le détail des faits que je viens d'exposer, c'est pour faire connaître ma situation. Je suis dans le malheur; pour en sortir, deux voies me sont ouvertes : la première, ce serait de rentrer à la tête des peuples qui m'ont fait l'honneur de m'élire leur chef, mais j'y renonce; la deuxième, c'est de m'occuper d'agriculture, seule industrie que je connaisse et que j'aime; pour atteindre mon but, je manque, vous le savez, des ressources indispensables; où puis-je les trouver? Auprès de ceux qui me portent intérêt; or, j'ai la conviction que la gr∴ fa∴ verrait avec plaisir que je pusse me sortir des embarras où je me trouve; dans cet espoir, je m'adresse à elle non comme loge directement, mais individuellement à chaque maçon par l'intermédiaire de la loge à laquelle il appartient, espérant que chacun prendra ma position en considération, et que celui qui pourra m'aider le fera, celui qui ne pourra pas me témoignera tout au moins sa sympathie.

Ce n'est point un don que je sollicite, c'est un emprunt d'honneur, avec garantie et promesse de le rembourser aux conditions ci-après énoncées. Je vais répondre d'avance à une objection qu'on pourrait peut-être me faire : Quelqu'un de vous, M∴ FF∴, a fait peut-être dans le temps des prêts d'honneur et peut-être il n'en a pas été remboursé ; si cela est, c'est fâcheux pour les prêteurs, comme pour les emprunteurs et pour la maçonnerie entière ; mais, de ce qu'un, deux, trois ou quatre membres, etc., n'auront pas satisfait à leur promesse, s'en suit-il qu'un cinquième en fera de même ? Non, M∴ FF∴ ; il peut se faire que ce cinquième, auquel vous refuseriez de prêter, remplirait parfaitement ses engagements, et, plus tard, si les circonstances le mettaient dans une bonne position, vous regretteriez, j'en suis sûr, de ne pas lui avoir répondu lorsqu'il vous appelait à son secours ? Ne le regretteriez-vous pas aussi, si par votre indifférence il restait toujours dans le malheur ?

Pour ce qui me concerne, M∴ FF∴, je réitère ma promesse de faire tout ce qu'un honnête homme doit faire pour sortir d'une situation malheureuse et faire honneur à mes engagements ; je ferai mon possible pour que vous n'ayez pas à vous plaindre ni à regretter de m'avoir aidé. Ceci dit, voici ce que je voudrais faire : je désirerais acheter une propriété dans le Périgord, en mauvais état, pour l'améliorer et augmenter sa valeur autant que possible. Quant à son importance, je ne puis la déterminer ; cela dépendra de la somme que je pourrai réunir ; par exemple : si j'avais trente mille francs, j'achèterais une propriété de vingt mille francs et j'emploierais la différence à acheter des outils aratoires et à l'exploitation de la propriété ; mais au lieu de trente mille francs, si je pouvais réunir une somme plus forte, j'achèterais une propriété plus considérable ; en un mot, mon intention est d'acheter dans les proportions de l'argent que je pourrai réunir.

Pour réaliser les ressources indispensables pour acheter une propriété et l'exploiter, j'ai recours à un emprunt d'honneur, avec promesse de le rembourser en capital et intérêts à 5 p. %, par an, aussitôt que les circonstances me le permettront. L'emprunt se fera de la manière suivante : Le minimum pour chaque prêteur est de dix francs, le maximum est illimité ; chaque prêt sera inscrit, par numéro d'ordre, sur un registre à souche duquel il sera détaché un récépissé qui sera donné à chaque prêteur en échange de la somme qu'il me prêtera, et lorsque je lui paierai son capital et son intérêt, il me fera la remise de son récépissé.

Garantie : chaque prêteur, sans aucune exception, sera subrogé aux droits du vendeur ; le privilège sera établi dans l'acte de vente en indiquant l'origine des fonds.

Le président de la loge de Périgueux est chargé, dans l'intérêt des prêteurs, de comparaître dans l'acte d'achat et de veiller à ce que le privilège dont s'agit soit régulièrement conservé. Si pour un motif quelconque, il ne pouvait pas se présenter, il pourra déléguer un tiers pour le représenter dans quelque acte que ce soit.

A mesure des remboursements, le président de ladite loge, ou son délégué, se présentera devant notaire, sur ma demande ou celle de mes ayant-droit, pour fournir quittance et donner main-levée du privilège en tout ou en partie jusqu'à concurrence des paiements qui seront faits. Ceux-ci seront valablement faits en retirant les récépissés.

Dans le cas où ladite loge cesserait d'exister, les droits qui sont dévolus à son président seraient dévolus au président de la chambre des avoués de Périgueux.

Je vous prie, M∴ FF∴, de prendre ma demande en considération et d'y faire honneur le plus tôt possible ; car en réunissant une certaine somme en quelques jours, je pourrai beaucoup mieux l'utiliser que si je ne la reçois qu'à des intervalles éloignés.

Le versement des fonds se fera, dans toutes les loges, entre les mains du F∴ trésorier, qui me les transmettra à Chourgnac, par Hautefort (Dordogne), avec la liste des noms et adresses des souscripteurs, ainsi que le chiffre de chaque souscription.

Veuillez agréer, M∴ T∴ C∴ FF∴, l'expression de mes sentiments les plus F∴.

Pce O.-A. DE TOUNENS.

LETTRE DE RECOMMANDATION.

A∴ L∴ G∴ D∴ G∴ A∴ d∴ l'U∴

A∴ N∴ E∴ S∴ L∴ A∴ D∴ G∴ O∴ D∴ F∴

O∴ de Périgueux, le 23 j∴ du 11ᵉ m∴ de l'an de la V∴ L∴ 5860 (le 15 janvier 1860, E∴ V∴).

La R∴ L∴ les Amis persévérants et l'Étoile de Vésone réunis à tous les m∴ d∴ l'U∴ :

S∴ S∴ S∴

Le vénérable de la L∴ les Amis persévérants et l'Étoile de Vésone réunis à l'O∴ de Périgueux recommande à toutes les L∴ de l'obédience du G∴ O∴ de France et à tous les maç∴ de l'U∴ le F∴ O.-A. de Tounens, sans profession, membre actif de ladite L∴ et méritant, par son zèle et son esprit maçonniques, la faveur d'un accueil fraternel et bienveillant de la part de tous les membres de la G∴ F∴.

Santé, espérance et bonheur à tous les maçons.

Signé : LAGRANGE, vén∴.

Cette lettre est scellée du sceau de ladite L∴ et porte pour suscription : (Voie d'Angleterre.) — A M. le prince O.-A. de Tounens, à la Séréna (Chili).

Périgueux. Impr. J. Bounet.

www.ingramcontent.com/pod-product-compliance
Lightning Source LLC
Chambersburg PA
CBHW071435060426
42450CB00009BA/2192